Der Mann, der nicht verlieren konnte

Richard Harding Davis

Writat

Diese Ausgabe erschien im Jahr 2024

ISBN: 9789359942131

Herausgegeben von
Writat
E-Mail: info@writat.com

DER MANN, DER NICHT VERLIEREN KONNTE

Von Richard Harding Davis

Die Carters hatten in Eile geheiratet und weigerten sich, in aller Ruhe Buße zu tun. Sie waren so blind verliebt, dass sie ihre Ehe als ihr größtes Kapital betrachteten. Der Rest der Welt, vertreten durch gemeinsame Freunde, hielt dies für das Einzige, was man ihnen vorwerfen konnte. Obwohl sie Single waren, waren sie beide beliebt. Als Junggeselle hatte der junge „Champ" Carter seinen bescheidenen Platz annehmbar eingenommen. Hostessen suchten ihn für Abendessen und Wochenendpartys auf, Männer seines Alters, für Golf und Tennis, und junge Mädchen mochten ihn, weil er, wenn er mit einer von ihnen sprach, nie von sich selbst sprach oder seinen Blick auf ein anderes Mädchen richtete . Er war von einem reichen Vater teuer erzogen worden, und der reiche Vater war dann gestorben und hatte Champneys allein auf der Welt zurückgelassen, ohne Geld und sogar mit ein paar Schulden seines Vaters. Diese Ehrenschulden hatte der Sohn, seit er Yale verlassen hatte, beglichen. Dadurch war er sehr arm geblieben, denn Carter hatte sich entschieden, nach seiner Feder zu leben, und obwohl er sehr sorgfältig und langsam schrieb, waren die Herausgeber der Zeitschriften ebenso vorsichtig und langsam bei der Annahme dessen, was er schrieb.

Da das Einkommen so ungewiss war, dass man mit Sicherheit nur sagen konnte, dass es zu gering sei, um selbst seinen Lebensunterhalt zu bestreiten, hätte Carter nicht an eine Ehe denken dürfen. Es muss zu seiner Ehre gesagt werden, dass er auch nicht daran gedacht hat, bis das Mädchen auftauchte, das er heiraten wollte.

Das Problem mit Dolly Ingram war ihre Mutter. Ihre Mutter war eine wirklich schreckliche Person. Sie war völlig unmöglich. Sie war eine gesellschaftliche Anführerin und von so großer Bedeutung, dass Prinzen und Gesellschaftsreporter, die zu Besuch waren, nicht einmal untereinander über sie lachten. Ihre Besuchsliste war so klein, dass sie keine Sozialsekretärin hatte, sondern ihre Einladungen angeblich selbst verfasste. Stylites auf seiner Säule waren weniger exklusiv. Er nahm seine erhabene, aber einsame Position auch nicht mit weniger Sinn für Humor ein. Als Ingram starb und ihr die vielen Millionen hinterließ, über die sie ganz nach Belieben verfügen konnte, bis hin zu dem Taschengeld, das sie ihrer Tochter geben sollte, ließ er ihr nur einen unerfüllten Wunsch zurück. Das sollte ihre Dolly mit einem englischen Herzog verheiraten. Ungarische Fürsten, französische Marquisen, italienische Grafen, deutsche Barone konnte Mrs. Ingram nicht sehen. Ihr

Schwiegersohn muss ein Herzog sein. Sie hatte zwei im Auge, eines etwas abgenutzt und das andere bankrott; und im Training hatte sie einen, der gerade erwachsen wurde. Schon jetzt sah sie sich als eine Art angeheiratete Herzoginwitwe, die mit echten Herzoginwitwen darüber diskutierte, wie man junge Grafen und Viscounts großziehen könne. Drei Jahre lang hatte Frau Ingram in Europa ihrer Tochter die Rolle beigebracht, die sie spielen sollte. Doch nach ihrer Rückkehr in ihr Heimatland verliebte sich Dolly, die alle Gefühle, Nervenkitzel und Herzklopfen besaß, von denen ihre Mutter nichts wusste, undankbar tief in Champneys Carter und er in sie. Es war immer eine Frage der Kontroverse zwischen ihnen, wer sich zuerst in den anderen verliebt hatte. Historisch gesehen waren die Ehrungen ausgeglichen.

Er sah sie zum ersten Mal während eines Gewitters, im Fahrerlager bei den Rennen, sie trug einen Regenmantel mit hochgeschlagenem Kragen und einen Panamahut mit umgeschlagener Krempe. Sie unterhielt sich im Sinne einer liebevollen Vertrautheit mit Cuthberts zweijährigem Sohn, dem Pfadfinder. Der Scout hatte gerade knapp ein Rennen verloren, und Dolly drückte die Nase an ihre Wange und tröstete ihn. Die beiden machten ein bezauberndes Bild, und als Carter darüber stolperte und stehen blieb, senkte das Rennpferd den Blick und schien zu sagen: „Würden SIE dafür nicht ein Rennen veranstalten?" Und das Mädchen hob den Blick und schien zu sagen: „Was für ein hübscher, strahlender junger Mann! Warum weiß ich nicht, wer du bist?"

Also rannte Carter zu Cuthbert und sagte ihm, dass der Scout lahm geworden sei. Als sich Miss Ingram bei ihrer Rückkehr weigerte, ihren Griff um die Nase des Pfadfinders zu lockern, murmelte Cuthbert entschuldigend Carters Namen und voller Ehrfurcht den Namen von Miss Ingram, und dann verloren beide jungen Leute zu seiner Überraschung das Interesse an dem Pfadfinder und wanderten umher gemeinsam in den Regen.

Nach einer Stunde, als sie sich an der Clubtribüne trennten, für die sich Carter keine Eintrittskarte leisten konnte, fragte er wehmütig: „Kommen Sie oft zum Rennen?" und Miss Ingram sagte: „Meinen Sie, komme ich morgen?"

"Ich tue!" sagte Carter.

„Warum hast du das dann nicht gesagt?" fragte Miss Ingram. „ Sonst wäre ich vielleicht nicht gekommen. Ich habe für morgen die Kutsche von Holland House, und wenn Sie mitkommen, halte ich einen Platz für Sie frei, und Sie können in unserer Loge sitzen.

„Ich habe so lange im Ausland gelebt", erklärte sie, „dass ich Angst habe, nicht so einfach und direkt zu sein wie andere amerikanische Mädchen. Glaubst du, dass ich hier zu Hause weiterkomme?"

„Wenn du mit allen anderen so gut zurechtkommst wie mit mir", sagte Carter mürrisch, „werde ich mich selbst erschießen."

Miss Ingram lächelte nachdenklich. „Also um elf", sagte sie, „vor dem Holland House."

Carter ging davon, mit einem aufgewühlten, erhitzten Gefühl im Herzen und einer freudigen Leichtigkeit in seinen Füßen. Den ersten Mann, den er traf, fragte er: „Wer war das schöne Mädchen im Regenmantel?" Und als der Mann es ihm erzählte, ließ Carter ihn schweigend zurück. Denn sie war das reichste Mädchen Amerikas. Aber am nächsten Tag schien ihr dieser Fehler so wenig zu schaden, dass auch Carter sich weigerte, ihn auf seinem Gewissen ruhen zu lassen, und sie waren sehr glücklich. Und jeder sah, dass sie glücklich waren, weil sie zusammen waren.

Die lächerliche Mutter war bei den Rennen nicht anwesend, aber nachdem Carter anfing, bei ihnen zu Hause vorbeizuschauen und zum Abendessen eingeladen wurde, empfing ihn Mrs. Ingram mit ihrer gewohnten Unhöflichkeit. Als Hindernis für den Erfolg ihrer Ambitionen betrachtete sie ihn nie. Als Freund ihrer Tochter stufte sie ihn mit „ihrem" Anwalt und „ihrem" Architekten ein und etwas höher als die „Person", die die Blumen arrangierte. Dolly wiederum dachte auch nicht an ihre Mutter; Denn innerhalb von zwei Monaten kam es zwischen Dolly und Carter zu einer weiteren Kontroverse darüber, wer dem anderen zuerst einen Heiratsantrag gemacht hatte. Carter protestierte, dass es nie einen formellen Heiratsantrag gegeben habe und dass sie beide von Anfang an davon ausgegangen seien, dass sie heiraten würden. Aber Dolly bestand darauf, dass er sie gezwungen hatte, ihm einen Heiratsantrag zu machen, weil er Angst um ihr Geld oder ihre Mutter hatte.

„Du hättest mich nicht sehr lieben können", beklagte sie sich, „wenn du dich von so einer Kleinigkeit wie Geld zögern lassen hättest."

„Das ist keine Kleinigkeit", meinte Carter. „ Sie sagen, es seien mehrere Millionen, und es gehört IHNEN. Wenn es MEIN wäre, jetzt!" „Geld", sagte Dolly sentimental, „wird den Menschen gegeben, um sie glücklich zu machen, nicht um sie unglücklich zu machen."

„Warten Sie, bis ich meine Geschichten an die Zeitschriften verkaufe", sagte Carter, „dann bin ich unabhängig und kann Sie unterstützen."

Für Dolly war der Plan nicht geeignet, zu einer überstürzten Heirat zu führen. Aber er ging sensibel mit seinen Geschichten um, und sie wollte seine Gefühle nicht verletzen.

„Lass uns zuerst heiraten", schlug sie vor, „und dann kann ich dir eine Zeitschrift KAUFEN. Wir werden es CARTER'S MAGAZIN nennen und nichts außer Ihren Geschichten darin abdrucken. Dann können wir über die Redaktion lachen!"

„Nicht halb so laut wie sie sein werden", sagte Carter.

Mit dreitausend Dollar auf der Bank, drei angenommenen Geschichten und siebzehn, von denen er noch hören musste, und Dolly, die ihm täglich sagte, dass es offensichtlich sei, dass er sie nicht liebte, beschloss Carter, dass sie Hand in Hand bereit waren, sich in das Meer der Ehe zu stürzen . Sein Interview mit Frau Ingram zu diesem Thema war äußerst schmerzhaft. Es hielt während der Zeit an, die sie brauchte, um aus ihrem Wohnzimmer bis zum Fuß ihrer Treppe zu gehen. Sie sprach mit sich selbst, und Carter war sich sicher, dass die einzigen Worte „absurd" und „unerträgliche Unverschämtheit" waren. Später am Morgen schickte sie eine Nachricht an seine Wohnung, in der sie ihm nicht nur ihre Tochter, sondern auch das Haus, in dem ihre Tochter lebte, und sogar die Nutzung der US-amerikanischen Post und der New Yorker Telefonleitungen untersagte. Sie beschrieb sein Verhalten mit Worten, die, wenn sie von einem Mann gekommen wären, Carter jede Entschuldigung für Gewalttaten geboten hätten.

Unmittelbar nach der Nachricht erschien Dolly, in Tränen aufgelöst und mit einem Kosmetikkoffer in der Hand.

„Ich habe meine Mutter verlassen!" sie verkündete. „Und ich habe ihr Auto unten und einen Geistlichen darin, es sei denn, er ist weggelaufen. Er will uns nicht heiraten, weil er Angst hat, dass Mutter seine Blumenmission nicht mehr unterstützen wird. Du holst deinen Hut und bringst mich dorthin, wo er uns heiraten kann. Keine Mutter kann über den Mann, den ich liebe, so sprechen, wie Mutter über dich gesprochen hat, und denken, ich werde ihn nicht noch am selben Tag heiraten!"

Carter, die Handschrift ihrer Mutter immer noch rot vor Augen und seine vor Wut erschütterte Selbstliebe, ließ den Brief blühen.

„Und keine Mutter", rief er, „kann MICH einen ‚Glücksjäger' und einen ‚Wiegenräuber' nennen und denken, dass ich es wiedergutmachen werde, indem ich ihre Tochter heirate! Nicht, bis sie mich darum bittet!"

Dolly fegte wie ein Sommersturm auf ihn zu. Ihre Augen waren feucht und blitzten. „Bis WER dich darum bittet?" sie verlangte. „WEN heiratest du? Mutter oder ich?"

„Wenn ich dich heirate", rief Carter verängstigt, aber auch sehr aufgeregt, „gibt dir deine Mutter keinen Cent!"

„Und das", spottete Dolly, die sich vollkommen bewusst war, dass sie lächerlich war, „ist der Grund, warum du mich nicht heiraten wirst!"

Für einen Moment, lange genug, um sie vor Scham und Glück erröten zu lassen, grinste Carter sie an. „Nur deshalb", sagte er, „werde ich dich nicht küssen, aber ich werde dich heiraten!" Aber tatsächlich hat er sie tatsächlich geküsst. Dann blickte er glücklich in seinem kleinen Wohnzimmer umher. „Fühlen Sie sich hier wie zu Hause", befahl er, „während ich meine Tasche packe."

„Ich beabsichtige, mich hier für den Rest meines Lebens sehr wohl zu fühlen", sagte Dolly freudig.

Aus den Nischen der Wohnung rief Carter: „Die Miete ist nur bis September bezahlt. Danach wohnen wir in einem Flurschlafzimmer und kochen auf einem Gasherd. Und das ist auch kein leerer Scherz."

Aus Angst vor der Publicity des City Hall-Lizenzbüros ließen sie den Geistlichen frei, sehr zur Erleichterung dieses Herrn, und forderten den Chauffeur auf, über die Staatsgrenze nach Connecticut zu fahren.

„Es ist das letzte Mal, dass wir uns das Auto deiner Mutter ausleihen können", sagte Carter, „und wir sollten lieber so weit fahren, wie wir können."

Es war einer dieser Tage im Mai. Blau war der Himmel und Sonnenschein lag in der Luft, und im Park spielten kleine Mädchen aus den Mietskasernen in Weiß, sie seien Königinnen. Dolly wollte zwei von ihnen als Brautjungfern entführen. In Harlem hielten sie bei einem Juwelier an, und Carter stieg aus und kaufte einen Ehering.

In der Bronx gab es Hartriegelblüten und zartgrüne Blätter und Tulpenbeete, und entlang der Boston Post Road, zu ihrer Rechten, blitzte der Sound im Sonnenlicht auf; und zu ihrer Linken verliefen Gärten, Rasenflächen und Obstgärten entlang der Straße, und die Apfelbäume waren massenhaft rosa und weiß.

Immer wenn sich ein Auto von hinten näherte, tat Carter so, als wäre es Mrs. Ingram, die käme, um die Flucht zu verhindern, und Dolly klammerte sich an ihn. Als das Auto vorbeigefahren war, vergaß sie, sich nicht mehr an ihn zu klammern.

In Greenwich Village besorgten sie sich eine Lizenz, und ein Richter heiratete sie, und sie waren ein wenig verängstigt und sehr glücklich, und beide stellten gleichzeitig fest, dass sie unglaublich hungrig waren. Also fuhren sie durch Bedford Village nach South Salem und aßen im Horse and Hounds Inn auf blau-weißem Porzellan zu Mittag , im selben Raum, in dem Major Andre einst gefangen war. Und es tat ihnen sehr leid für Major Andre und für alle, die an diesem Morgen nicht erst geheiratet hatten. Und nach dem Mittagessen saßen sie draußen im Garten und fütterten einen bezaubernden Collie mit Zuckerstückchen und einer dicken grauen Katze mit Sahne.

Sie beschlossen, in Carters Wohnung mit dem Haushalt zu beginnen, und kehrten nach New York zurück, diesmal entlang der alten Kutschenstraße durch North Castle nach White Plains, hinüber nach Tarrytown und am Ufer des Hudson entlang in den Riverside Drive. Millionen und Abermillionen freundlicher Menschen, hauptsächlich Kindermädchen und Verkehrspolizisten, winkten ihnen zu und lächelten aus irgendeinem Grund.

„Der Witz daran ist", erklärte Carter, „sie wissen es nicht!" Das schönste Ereignis des Jahrhunderts ist gerade in die Geschichte eingegangen. Wir sind verheiratet und niemand weiß es!"

Doch als das Auto vor Carters Tür wegfuhr, sahen sie darauf zwei alte Schuhe und ein Schild mit der Aufschrift: „Wir haben gerade geheiratet." Während sie beim Mittagessen waren, war der Chauffeur der Situation gewachsen.

„Schließlich", sagte Carter beruhigend, „hat er es nicht böse gemeint. Und es ist das Einzige an unserer Hochzeit, das bisher legal erscheint."

Drei Monate später drohten zwei sehr unglückliche junge Menschen im Wohnzimmer von Carters Wohnung dem Hungertod. Düsterkeit stand auf den Gesichtern eines jeden, und die Hitze und die Sorge, die aufkommt, wenn man leben möchte und es einem an den Mitteln mangelt, um diesen Wunsch zu erfüllen, hatten sie blass gemacht und schwarze Linien unter Dollys Augen gezogen.

Mrs. Ingram hatte ihre Rolle genau so gespielt, wie ihre besten Freunde es ihr gesagt hatten. Sie hatte sieben Koffer voller Dollys Kleidung, achtzehn Hüte und einen weiteren höchst unangenehmen Brief in Carters Wohnung geschickt. Unter der einzigen Bedingung, dass Dolly ihren Mann sofort verlassen würde, bot sie ihr Vergebung und Unterstützung an.

Darauf verfasste Dolly elf verächtliche Antworten, kam aber schließlich zu dem Schluss, dass keine Antwort die verächtlichste sei.

Sie und Carter machten sich dann freudig daran, seine dreitausend Dollar mit der Verachtung für Geld zu verschwenden, mit der man es in den Flitterwochen immer betrachten sollte. Als nichts mehr da war, wandte sich Dolly an die Anwälte ihrer Mutter und erkundigte sich, ob ihr Vater ihr etwas Eigenes hinterlassen hatte. Die Anwälte bedauerten, dass er es nicht getan hatte, aber da er Dolly seit ihrer Geburt liebte, bot er ihr an, ihr jeden gewünschten Betrag vorzuschießen. Sie sagten, sie seien sicher, dass ihre Mutter „nachgeben" würde.

„Vielleicht", sagte Dolly hochmütig. „Das werde ich nicht! Und mein Mann kann mir alles geben, was ich brauche. Ich wollte nur etwas Eigenes, weil ich ihm als Überraschung ein neues Auto schenken werde. Das, was wir jetzt verwenden, passt nicht zu uns."

Das stimmte durchaus, denn der, den sie damals benutzten, lief durch die U-Bahn.

Als der Sommer näher rückte, wurde Carter plötzlich klar, dass er bald arm sein würde, und brach die Flitterwochen ab. Sie kehrten in die Wohnung zurück und er machte sich auf die Suche nach einer Stelle. Später, als er noch danach suchte, sprach er davon als „Job". Zuerst dachte er, er würde gerne Redaktionsassistent einer Zeitschrift werden. Aber er stellte fest, dass es nur sehr wenige Redakteure von Zeitschriften gab, die darauf bedacht waren, neue und unerprobte Assistenten einzustellen, insbesondere im Juni. Im Gegenteil, sie erklärten, sie würden Kürzungen vornehmen und die Ausgaben senken – sie meinten damit, dass sie alle Büroangestellten entlassen hätten, die mehr als drei Dollar pro Woche erhielten. Sie „zogen sich weiter zurück", indem sie Carters persönlichen Besuch bei ihnen ausnutzten, indem sie ihm drei oder vier seiner Geschichten überreichten – aber dadurch rettete er seine Briefmarken.

Jeden Tag, wenn er in die Wohnung zurückkehrte, lächelte Dolly aufgeregt und keuchte: „Na?" und Carter warf die abgelehnten Manuskripte auf den Tisch und sagte: „Wenigstens bin ich nicht mit leeren Händen zurückgekehrt." Dann würden sie eine Zeitschrift entdecken, von deren Existenz weder sie noch irgendjemand sonst wusste, und sie würden die Manuskripte eilig an diese Zeitschrift umleiten und rannten, um sie in den Briefkasten an der Ecke zu werfen.

„Jeder von ihnen, wenn er angenommen wird", betonte Carter, „könnte uns fünfundzwanzig Dollar einbringen." Eine meiner Geschichten wurde einmal für vierzig verkauft; Deshalb können wir es uns heute Abend leisten, in einem Restaurant zu speisen, in dem der Wein NICHT „im Preis inbegriffen" ist."

Glücklicherweise haben sie nie ihren Sinn für Humor verloren. Sonst hätten die Enge der Wohnung, die üblen Gerüche, die aus den gebackenen Straßen aufstiegen, das fettige Essen in italienischen und ungarischen Restaurants und der ewige Drang nach Geld ihren jugendlichen Geist zerstören können. Aber mit der Zeit fanden selbst sie heraus, dass eins, geschweige denn zwei, nicht ausschließlich auf Liebe und der Fähigkeit, die positiven Seiten der Dinge zu sehen, existieren kann – insbesondere, wenn es keine positiven Seiten gibt. Sie waren an dem Punkt angelangt, an dem sie sich Geld von ihren Freunden leihen mussten, und obwohl es viele gab, die ihnen ihre Safes geöffnet hätten, waren sie sich einig, dass dies das Einzige war, was sie nicht tun würden, sonst müssten sie verhungern. Die Alternative war ebenso geschmacklos.

Carter hatte ernsthaft darum gekämpft, einen Job zu finden. Aber seine Unerfahrenheit und die Jahreszeit sprachen gegen ihn. Keine Zeitung wollte einen Theaterkritiker, als die einzigen Vorstellungen in der Stadt schon seit drei Monaten liefen, und zwar auf Dachgärten; Sie wollten auch keinen „jungen" Reporter, als Veteranen zu Dutzenden „entlassen" wurden. Auch seine Dienste als Privatsekretär, Taxifahrer, Immobilien-, Automobil- oder Aktienverkäufer waren nicht erwünscht. Da ihm niemand die Möglichkeit gab, seine Untauglichkeit für einen dieser Berufe zu beweisen, spielte die Tatsache, dass er von keinem dieser Berufe nichts wusste, keine große Rolle. Über diese Zurückweisungen war Dolly ausgesprochen erfreut. Sie argumentierte, sie bewiesen, dass er beabsichtigte, seine natürliche Karriere als Autor fortzusetzen.

Dass ihre Freunde vielleicht wüssten, dass sie arm waren, berührte sie nicht, aber sie wollte nicht, dass sie durch die Annahme irgendeines externen „Jobs" dachten, sie seien arm, weil er als literarisches Genie ein Versager war. Sie glaubte an seine Geschichten. Sie wollte, dass alle anderen an sie glaubten. In der Zwischenzeit unterstützte sie ihn, soweit sie konnte, indem sie den Inhalt von fünf der sieben Koffer verpfändete, indem sie lernte, auf einer „Küchenzeile" zu kochen und ihre Taschentücher zu waschen und sie am Spiegel zu bügeln.

Sie standen sich am Frühstückstisch gegenüber. Es war erst neun Uhr, aber die Sonne brannte mit dem Hauch eines Ofens in die Wohnung, und die Luft war faul und feucht.

„Ich sage dir", sagte Carter grimmig, „du siehst krank aus. Du bist krank. Sie müssen zum Meeresufer gehen. Sie müssen einige Ihrer stolzen Freunde in East Hampton oder Newport besuchen. Dann weiß ich, dass du glücklich bist und mache mir keine Sorgen, und ich werde einen Job finden. Mir macht die Hitze nichts aus – und ich schreibe dir Liebesbriefe" – er redete sehr schnell und sah Dolly nicht an – „ wie die, die ich dir früher geschrieben habe –"

Dolly hob die Hand. "Hören!" Sie sagte. „Angenommen, ich verlasse dich. Was wird passieren? Ich werde in einem kühlen, wunderschönen Messingbett aufwachen, nicht wahr – mit Kreton-Fenstervorhängen, salziger Luft, die darüber weht, und einem Dienstmädchen, das mir Kaffee bringt. Und statt eines Badezimmers wie Ihres, neben einem Aufzugsschacht und einer Feuerleiter, werde ich eins haben, so groß wie eine Kirche, und das ganze blaue Meer zum Schwimmen. Und ich werde auf den Felsen in der Sonne sitzen und beobachte die Wellen und die Yachten –"

„Und wieder gesund werden!" rief Carter. „Aber du wirst mir schreiben", fügte er wehmütig hinzu, „jeden Tag, nicht wahr?"

In ihrem Zorn erhob sich Dolly und stellte sich ihm von der anderen Seite des Tisches entgegen.

„Und was werde ich auf diesen Felsen machen?" Sie weinte. „Du weißt, was ich tun werde! Ich werde schluchzen und schluchzen und den Wellen zurufen: „Warum hat er mich weggeschickt?" Warum will er mich nicht? Weil er mich nicht liebt. Deshalb! Er LIEBT mich nicht!' Und das tust du NICHT!" rief Dolly. „Das tust du nicht!"

Er brauchte ganze drei Minuten, um sie davon zu überzeugen, dass sie sich geirrt hatte.

„Also gut", schluchzte Dolly, „das ist geklärt. Und es wird keine Rede mehr davon sein, mich wegzuschicken!

"Dort werden nicht!" sagte Champneys hastig. „Wir werden jetzt", kündigte er an, „in den Gesamtausschuss gehen und entscheiden, wie wir mit dem finanziellen Scheitern umgehen sollen." Unser Vermögen besteht aus zwei Geschichten, die akzeptiert, aber nicht bezahlt wurden, und fünfzehn Geschichten, die nicht akzeptiert wurden." Als Bargeld breitete er eine dürftige Sammlung schmutziger Scheine und Münzen auf dem Tisch aus. „Wir haben siebenundzwanzig Dollar und vierzehn Cent. Das ist jeder Penny, den wir auf der Welt besitzen."

Dolly betrachtete ihn starr und schüttelte den Kopf.

„Ist es böse", fragte sie, „dich so zu lieben?"

„Hast du mir nicht zugehört?" forderte Carter.

Wieder schüttelte Dolly den Kopf.

„Ich habe beobachtet, wie du redest. Wenn sich deine Lippen schnell bewegen, vollbringen sie so bezaubernde Dinge."

„Wissen Sie", brüllte Carter, „dass wir keinen Penny auf der Welt haben, dass wir in dieser Wohnung nichts zu essen haben?"

„Ich habe noch fünf Hüte", sagte Dolly.

„Wir können keine Hüte essen", protestierte Champneys.

„Wir können Hüte verkaufen!" antwortete Dolly. „Sie kosten achtzig Dollar pro Stück!"

„Wenn man Geld braucht", erklärte Carter, „finde ich es genauso schwer, einen Hut zu verkaufen, wie ihn zu essen."

„Siebenundzwanzig Dollar und vierzehn Cent", wiederholte Dolly. Sie rief reumütig aus: „Und du hast mit dreitausend angefangen! Was habe ich damit gemacht?"

„Wir hatten beide die beste Zeit unseres Lebens damit!" sagte Carter energisch. „Und das ist alles. Obduktionen", betonte er, „sind nur als Wegweiser für die Zukunft nützlich, und da unsere Zukunft niemals die zweiten dreitausend Dollar umfassen wird, brauchen wir uns keine Gedanken darüber zu machen, wofür wir die ersten ausgegeben haben." NEIN! Was wir jetzt überlegen müssen, ist, wie wir schnell reich werden können, und je schneller und reicher, desto besser. Unsere Kleidung oder das, was davon übrig bleibt, zu verpfänden, ist wirtschaftlich gesehen schlecht. Es hat keinen Sinn, darüber nachzudenken, wie man von Mahlzeit zu Mahlzeit lebt. Wir müssen etwas Großes, Malerisches entwickeln, das ein Vermögen bringt. Sie haben Fantasie; Ich sollte Vorstellungskraft haben, wir müssen uns einen Plan ausdenken, um Geld zu bekommen, viel Geld. Ich bestehe nicht darauf, dass unser Plan würdevoll oder auch nur äußerlich respektabel ist; Solange es dich am Leben hält, kann es so verzweifelt sein wie …"

"Ich verstehe!" rief Dolly; „Als würde man Mutter-Schwarze-Hand-Briefe schicken!"

„Erpressung –" begann der Schwiegersohn dieser Dame zweifelnd.

"Oder!" rief Dolly, „wir könnten Mr. Carnegie entführen, wenn er alleine im Park spazieren geht, und ihn als Lösegeld festhalten. Oder", fuhr sie fort , „ wir könnten ein Nachtrag zum Testament des Vaters fälschen und darin besagen, dass das gesamte Vermögen des Vaters meinem Mann zufallen muss, wenn Mutter den Mann, den ich heiraten möchte, nicht mögen sollte!"

„Fälschung", rief Champneys, „geht weiter als ich –"

„Und ein weiterer Plan", unterbrach Dolly, „den ich schon immer im Sinn hatte, ist die Herausgabe einer günstigeren Ausgabe Ihres Buches ‚The Dead Heat'." Der Grund, warum sich die erste Ausgabe von ‚The Dead Heat' nicht verkaufte –"

„Sagen Sie MIR nicht, warum es sich nicht verkauft hat", sagte Champneys. "Ich schrieb es!"

„Dieses Buch", erklärte Dolly loyal, „wurde nie richtig beworben." Niemand wusste davon, also hat es auch niemand gekauft!"

„Elf Leute haben es gekauft!" korrigierte den Autor.

„Wir packen es in eine Papierhülle und verkaufen es für fünfzig Cent", rief Dolly. „Es ist die beste Detektivgeschichte, die ich je gelesen habe, und die Leute haben erfahren, dass es die beste ist. Deshalb werden wir es wie ein Frühstücksessen bewerben."

„Die Idee", unterbrach Champneys, „ist, Geld zu verdienen und nicht, es wegzuwerfen." Außerdem haben wir nichts zum Wegwerfen. Dolly seufzte bitter.

„Wenn wir nur", rief sie, „die dreitausend Dollar wieder zurück hätten!" Ich würde SO sorgfältig sparen. Es war alles meine Schuld. Die Rennen haben es gekostet, aber ich habe dich zu den Rennen mitgenommen."

„Niemand musste MICH jemals zu den Rennen schleppen", sagte Carter. „Es war die Art und Weise, wie wir vorgegangen sind, die extravagant war. Stündlich stehen Autos im Leerlauf und jeden Tag eine Kiste, und –"

„Und wir unterstützen immer Dromedar", schlug Dolly vor. Carter wurde an einer empfindlichen Stelle berührt. „Dieses Pferd", protestierte er laut, „ist ein wirklich gutes Pferd. Irgendwann mal--"

„Das hast du immer gesagt", bemerkte Dolly, „aber er scheint nie seinen Tag zu haben."

„Es ist seltsam", sagte Champneys bewusst. „Ich habe erst letzte Nacht von Dromedar geträumt. Immer wieder derselbe Traum." Hastig wechselte er das Thema.

„Aus irgendeinem Grund schlafe ich nicht gut. Ich weiß nicht warum."

Dolly sah ihn mit all der Liebe in den Augen einer Mutter an, die ihr krankes Kind liebt.

„Es macht mir Sorgen um mich und die Hitze", sagte sie. „Und die Garage nebenan und der Wolkenkratzer auf der anderen Straßenseite könnten etwas damit zu tun haben. Und DU", spottete sie zärtlich, „wolltest mich an die Küste schicken."

Carter runzelte die Stirn. Als wollte er etwas sagen, öffnete er die Lippen und lachte dann verlegen.

„Raus damit", sagte Dolly mit einem aufmunternden Lächeln. „Hat er gewonnen?"

Als Carter sah, dass sie gelesen hatte, was in seinen Gedanken vorging, beugte er sich eifrig vor. Die herrschende Leidenschaft und ein Hauch von Aberglauben hielten ihn fest.

„Er ‚gewinnt' jedes Mal", flüsterte er. „Ich habe es so deutlich gesehen, wie ich dich sehe. Jedes Mal gelang ihm ein Ansturm genau an der gleichen Stelle, gerade als sie in die Strecke kamen, und jedes Mal gewann er!" Er schlug verächtlich mit der Hand auf die schmutzigen Scheine vor ihm. „Wenn ich hundert Dollar hätte!"

Es klopfte an der Tür und Carter öffnete sie dem Aufzugsjungen mit der Morgenpost. Die Briefe, bis auf einen, ließ Carter auf den Tisch fallen. Diesen riss er mit ungeschickten Fingern auf. Er rief atemlos: „Es ist aus PLYMPTON'S MAGAZINE! Vielleicht – ich habe eine Geschichte verkauft!" Er stieß einen fast erschrockenen Schrei aus. Seine Stimme war so ernst, als hätte der Brief einen Tod angekündigt.

„Dolly", flüsterte er, „es ist ein Scheck – ein Scheck über HUNDERT DOLLAR!"

Schuldbewusst sahen sich die beiden jungen Leute an.

„Wir MÜSSEN!" hauchte Dolly. "Muss! Wenn wir ZWEI Zeichen wie dieses passieren lassen würden, würden wir der Vorsehung entgegentreten."

Ihre Hände umklammerten die Armlehnen ihres Stuhls, sie beugte sich vor, ihre Augen starrten ins Leere, ihre Lippen bewegten sich.

„Komm schon, du Dromedar!" Sie flüsterte.

Sie tauschten den Scheck in Fünf- und Zehn-Dollar -Scheine ein und machten sich, da Carter viel zu aufgeregt war, um zu arbeiten, absurd früh auf den Weg zur Rennstrecke.

„Wir könnten genauso gut so viel frische Luft schnappen, wie wir können", sagte Dolly. „Das ist alles, was wir bekommen werden!"

Von ihrem Reservefonds von siebenundzwanzig Dollar, von dem jeder feierlich vereinbart hatte, dass er nicht auf Rennpferden riskiert werden dürfe, zog Dolly einen Zwei-Dollar-Schein ab. Dies klebte sie gut sichtbar auf dem Zifferblatt der Uhr auf dem Kaminsims.

"Warum?" fragte Carter.

„Wenn wir heute Abend zurückkommen", erklärte Dolly, „wird das das Erste sein, was wir sehen werden. Es wird furchtbar gut aussehen!"

An diesem Tag gab es kein scharlachrotes Auto, das sie mit erfrischender Geschwindigkeit durch Brooklyns Parkways und entlang der Ocean Avenue jagte. Stattdessen hingen sie an einem Haltegurt in einem Stadtauto, stiegen auf die Fähre und wieder auf die Long Island Railroad um. Als Carter vor dem Sonderwagen des Turf Clubs anhielt, nahm Dolly ihn am Arm und führte ihn zum Tagesbus.

„Aber", protestierte Carter, „wenn man mit einer Hand hundert Dollar ausgibt, warum gönnt man sich dann fünfzig Cent für einen Sitzplatz im Salonwagen?" Wenn du ein Sport sein willst, sei ein Sport." „Und wenn Sie ein Piker sein müssen", sagte Dolly, „schämen Sie sich nicht, ein Piker zu sein. Wir geben hundert Dollar nicht aus, weil wir es uns leisten können, sondern weil Sie einen Traum geträumt haben. Du hast nicht davon geträumt, in Salonwagen zu fahren! Wenn ja, ist es an der Zeit, dass ich dich wecke."

An diesem Tag gab es für sie keine Loge mit Blick auf das Ziel, kein Mittagessen im Clubhaus. Sie saßen mit den anderen Pikern auf den freien Plätzen, mit denen, die ohne Mantel saßen und ihre Taschentücher in den Kragen steckten, und mit denen, die ihre schwitzenden Gesichter mit Reispapier abwischten und ihre Karten mit einer Hutnadel markierten. Ihr Mittagessen bestand aus einem riesigen Schinkensandwich mit Senfdressing.

Dromedar lief erst beim fünften Rennen, und das lange Warten, bis sie ihr Schicksal erfahren konnten, war unerträglich. Sie kannten die meisten Pferde, und um sich die Zeit zu vertreiben, schloss Dolly bei jedem der ersten Rennen imaginäre Wetten ab. Von diesen mentalen Wetten verlor sie jede .

„Wenn du im Schlaf genauso schlecht erraten kannst wie ich im Wachzustand", sagte Dolly, „werden wir unser Vermögen verlieren."

„Ich werde schwächer!" erklärte Carter. „Hundert Dollar kommen mir langsam wie eine Menge Geld vor. Siebenundzwanzig Dollar, und davon sind jetzt nur noch zwanzig übrig, sind ein riesiges kleines Kapital, aber zwanzig Dollar plus hundert könnten uns einen Monat lang am Leben halten!"

„Haben Sie davon geträumt, dass Dromedar gewinnen würde, oder nicht?" forderte Dolly streng.

„Das habe ich auf jeden Fall mehrmals getan", sagte Carter. „Aber vielleicht habe ich an das Pferd gedacht. Ich habe so viel an ihn verloren, mein Verstand hat vielleicht –"

„Haben Sie", unterbrach Dolly, „gesagt, wenn Sie hundert Dollar hätten, würden Sie darauf wetten, und sind sofort hundert Dollar durch die Tür hereingekommen?"

Carter atmete beruhigt wieder auf. „Das hat es auf jeden Fall getan!" er wiederholte.

Selbst in seinen stolzen Tagen war Carter nie in der Lage gewesen, große Einsätze zu tätigen, und anstatt die Clubhauskommissare mit seinen kleinen Einsätzen zu belästigen, hatte er im Ring bereitwillig Geld gewettet. Darüber hinaus glaubte er, dass ihm der Ring bessere Chancen bescherte, und als er gewann, gefiel es ihm, statt bis zum Abrechnungstag auf einen Scheck zu warten, in der Schlange zu stehen und zu spüren, wie ihm echtes Geld in die Hand gedrückt wurde. Als das vierte Rennen begann , erhob er sich und lüftete seinen Hut.

„Die Zeit ist gekommen", sagte er.

Ohne ihn anzusehen, nickte Dolly. Sie war viel zu zitternd, um zu sprechen.

Mehrere Wochen lang war Dromedary nicht platziert worden, und Carter hoffte auf eine Quote von mindestens zehn zu eins. Aber als er sich in die Arena drängte, stellte er fest, dass so wenig über seine Wahl nachgedacht wurde, dass sogar zwanzig zu eins angeboten wurden und es nur wenige Abnehmer gab. Die Tatsache erschütterte sein Selbstvertrauen. Hier waren zweihundert Buchmacher, die in ihrem Beruf ausgebildet waren und mit absurden Quoten darauf bedacht waren, ihre Meinung zu untermauern, dass das Pferd, das er mochte, nicht gewinnen konnte. Angesichts dieser einhelligen Verachtung wurde sein Traum phantastisch und albern. Er beschloss, nur die Hälfte seines Vermögens zu riskieren. Sollte das Pferd dann gewinnen, wäre es immer noch halbreich, und sollte es verlieren, hätte es mindestens ganze fünfzig Dollar.

Bei einem Buchmacher setzte er diesen Betrag und stand dann in unglücklicher Unentschlossenheit da, in der einen Hand seinen Tippschein umklammert, auf dem potenziell tausendfünfzig Dollar und in der anderen tatsächlich fünfzig Dollar standen. Es war kein Ort zum Meditieren. Von allen Seiten stürzten sich mehr oder weniger gesunde Männer auf ihn, stießen ihn an und trampelten auf ihm herum, und immer noch schwankte er zögernd, während er um Halt kämpfte . Dann wurde ihm bewusst, dass der Ring fast leer war und nur noch ein paar kreischende Personen die Reihe entlangliefen. Die Pferde gingen zur Post. Er muss schnell entscheiden. Vor ihm reinigte der Buchmacher sein Brett und notierte als letzten Appell gegenüber die Namen von drei Pferden dreißig zu eins. Dromedar war unter ihnen. Solchen Chancen konnte man nicht widerstehen. Carter schob dem Mann seine Fünfzig hin und addierte zu dieser Summe noch die zwanzig Dollar, die er noch in der Tasche hatte. Es waren die letzten Dollars, die er auf der Welt besaß. Und obwohl er wusste, dass es seine letzten waren, hatte er Angst, dass der Buchmacher sie ablehnen würde. Aber mechanisch reichte der Mann sie über seine Schulter.

„Und einundzwanzighundert bis siebzig", skandierte er.

Als Carter neben Dolly Platz nahm, war ihm ziemlich kalt. Dolly sagte immer noch nichts. Aus dem Augenwinkel befragte sie ihn.

„Bei zwanzig zu eins habe ich fünfzig bekommen", antwortete Carter, „und bei dreißig siebzig!"

Erschrocken drehte sich Dolly zu ihm um.

"SIEBZIG!" sie schnappte nach Luft.

Carter nickte. „Alles was wir haben", sagte er. „Wir haben noch sechzig Cent übrig, um das Leben neu zu beginnen!"

Wie um ihn zu ermutigen, legte Dolly ihren Finger auf ihre Rennkarte.

„Seine Farben", sagte sie, „sind ‚grüne Mütze, grüne Jacke, grüne und weiße Reifen'."

Durch ein Labyrinth aus Hitze, eine halbe Meile entfernt, am Starttor, bewegten sich kleine Farbflecken in ungeduldigen Kreisen. Die große, gutmütige Menge war still geworden, so still, dass man vom hohen, sonnengewärmten Gras im Innenfeld das träge Zirpen der Grillen hören konnte. Als würde sie ein Gebet oder eine Beschwörung wiederholen, bewegten sich Dollys Lippen schnell.

„Grüne Mütze", flüsterte sie, „grüne Jacke, grün-weiße Reifen!"

Mit einem scharfen Seufzer durchbrach die Menge die Stille. „Sie sind weg!" schrie es und beugte sich erwartungsvoll vor.

Die Pferde kamen so schnell. Für Carter schien ihr Verhalten empörend. Es war unglaublich, dass sie in so kurzer Zeit und in einem so rücksichtslosen Tempo eine so wichtige Frage entscheiden konnten. Sie kamen zusammengedrängt, bewegten sich und veränderten sich, und durch den Staub blitzten Blau, Gold und Scharlach auf. Eine gelbe Jacke schoss aus dem Staub hervor und tauchte vor ihnen auf; Es folgte eine purpurrote Jacke. Sie waren also bei der Hälfte; also waren sie bei den drei Vierteln.

Die gutmütige Menge begann zu schwanken, zu murren und zu murren und dann in scharfem Stakkato zu schreien.

"Kannst du ihn sehen?" bettelte Dolly.

„Nein", sagte Carter. „Man sieht ihn erst, wenn sie die Strecke erreichen."

Man konnte ihre Hufe hören und sehen, wie der purpurrote Jockey seine Peitsche zog. Bei diesem Anblick, denn er war der Favorit, keuchte die Menge besorgt auf.

„Oh, du Gold Heels!" es flehte.

Unter der Peitsche zog Gold Heels mit der gelben Jacke gleich; Schritt für Schritt kämpften sie alleine durch.

„Goldene Absätze!" schrie die Menge.

Hinter ihnen hallte das Feld in einem Staubvorhang wider. Es stürmte in einem fliegenden Keil, wie eine Kavallerietruppe. Dolly, die nach einer grünen Jacke suchte, sah stattdessen eine Regenbogenwelle aus Farben, die, wenn sie sich hob und senkte, in großen Sprüngen auf sie zusprang und die Spur verschluckte.

„Goldene Absätze!" schrie die Menge.

Das Feld fegte in die Strecke. Ohne den Blick zu bewegen, packte Carter Dolly am Handgelenk und zeigte darauf. Als ob er ein Zeichen geben würde, schoss er mit der freien Hand in die Luft.

"Jetzt!" er schrie.

Aus dem Staubvorhang schoss, als ein Blitz durch eine Wolke einschlug, eine große, hässliche Kastanie mit rohen Knochen. Wie der Empire Express kam er schwankend, donnernd und den Boden verschmähend. Als er kam, schien Gold Heels in den Augen der Menge ins Wanken zu geraten, nachzulassen und stillzustehen. Die Menge stieß einen großen Schrei der Verwunderung aus, einen Schrei des Ekels. Der Kastanie zog mit Gold Heels auf, ging an ihm vorbei und fegte unter dem Draht hindurch. An seinem Hals hing ein kleiner Jockey mit grüner Mütze, grüner Jacke und grünen und weißen Reifen.

Dollys Hand war an ihrer Seite und umklammerte die Bank. Carters Hand umklammerte es immer noch. Keiner sprach oder sah den anderen an. Während die Menge, die nicht mehr so gutmütig war, sich selbst verspottete und verspottete, saßen die beiden jungen Leute einen Moment lang ganz still da und starrten auf die grüne Wiese, auf die weißen Wolken, die vom Meer herüberzogen. Dolly holte tief Luft.

"Lass uns gehen!" sie schnappte nach Luft. „Wir danken ihm zuerst und bringen mich dann nach Hause!"

Sie fanden Dromedary im Fahrerlager und dankten ihm, und Carter ließ Dolly bei sich, während er rannte, um seinen Gewinn abzuholen. Als er zurückkam, zeigte er ihr einen Stapel gelber Geldscheine, und als sie den überdachten Bretterweg zum Tor hinunterliefen, hüpften und tanzten sie.

Dolly wandte sich dem Zug zu, der am Eingang stand.

"Nicht mit mir!" schrie Carter. „Wir fahren im rotesten, teuersten und schnellsten Auto nach Hause, das ich mieten kann!"

In der „Hack"-Reihe von Automobilen gab es eines, das diesen Anforderungen entsprach, und sie fielen hinein, als wäre es ihr eigenes.

„Zur Nacht- und Tagbank!" befahl Carter.

Mit der freundlichen Demokratie der Rennstrecke hob der Chauffeur den Kopf und grinste anerkennend. „Das hört mir gut zu!" er sagte.

"Ich mag ihn!" flüsterte Dolly. „Lass uns ihn und das Auto kaufen."

Auf dem Heimweg kauften sie viele Autos; Jedes Auto, das sie sahen und das ihnen gefiel, kauften sie. Sie kauften auch mehrere Häuser und eine Yacht, die sie von der Fähre aus sahen. Und sobald sie den Großteil ihres Geldes auf der Bank eingezahlt hatten, gingen sie zu einem Pfandhaus in der Sixth Avenue und kauften viele Besitztümer zurück, von denen sie befürchtet hatten, dass sie sie nie wieder sehen würden.

Als sie die Wohnung betraten, fiel ihr erster Blick auf Dollys Zwei-Dollar-Schein.

„Was", fragte Carter voller Abscheu, „ist das seltsame Stück Papier?"

Dolly untersuchte es sorgfältig. „Ich denke, es ist eine Art Geld", sagte sie, „das von den unteren Schichten verwendet wird."

Sie aßen auf dem Dach bei Delmonico. Dolly trug den größten der fünf noch unverkauften Hüte, und Carter wählte das Geschirr ganz danach aus, welches am teuersten war. Hin und wieder blickten sie besorgt auf die Bank, die ihr Geld auf der anderen Straßenseite hielt. Sie hatten Angst, dass es brennen könnte.

„Wir können heute Abend extravagant sein", sagte Dolly, „denn wir sind es Dromedary schuldig, zu feiern." Aber von heute Abend an müssen wir sparen. Wir hatten eine schreckliche Lektion. Was uns letzten Monat passiert ist, darf nie wieder passieren. Wir hatten nur noch einen Zwei-Dollar-Schein. Jetzt haben wir auf der anderen Straßenseite 2500, und Sie haben mehrere Hundert in Ihrer Tasche. Davon können wir problemlos ein Jahr leben. In der Zwischenzeit können Sie „den" großen amerikanischen Roman schreiben, ohne sich um Geld sorgen oder einen festen Job suchen zu müssen. Und dann wird dein Buch herauskommen, und du wirst berühmt und reich sein und – –"

„Abschließend", unterbrach Carter, „das Wichtigste ist, dich aus dieser heißen, scheußlichen Wohnung herauszuholen." Ich schlage vor, dass wir morgen nach Cape Cod aufbrechen. Ich kenne dort viele Fischerdörfer, in denen wir für zwölf Dollar pro Woche übernachten, rudern und Tennis spielen und in unseren Badeanzügen leben können."

Dolly stimmte begeistert zu, und während des Abendessens diskutierten sie fröhlich über Cape Cod von Pocasset bis Yarmouth und von Sandwich bis Provincetown. Sie wollten so schnell fliehen, dass Carter den Hallenmann in seinem Club anrief, um sich für den nächsten Nachmittag eine Hütte auf dem Fall River-Boot zu sichern. Als sie bei ihrem Kaffee in der kühlen Brise saßen, mit dem Duft von Blumen und dem Klang der Musik in der Luft und mit den Lichtern der großen Stadt zu ihren Füßen, schien die Welt sehr hell zu sein.

„Es war ein toller Tag", seufzte Carter. „Und wenn ich nicht nervös gewesen wäre, hätte ich es genossen. Die Rennstrecke ist immer cool und es gab einige tolle Platzierungen. Ich bemerkte zwei Pferde, die es wert waren, beobachtet zu werden: Ihre Hoheit und Glowworm. Wenn wir nicht morgen abreisen würden, wäre ich geneigt –" Dolly sah ihn mit entsetzten Augen an.

„Champneys Carter!" rief sie aus. Als sie es sagte, klang es wie „Großer Josaphat!"

Carter protestierte empört. „Ich habe nur gesagt", erklärte er, „wenn ich die Rennen verfolgen würde, würde ich diese Pferde beobachten." Mach dir keine Sorge!" er rief aus. „Ich weiß, wann ich aufhören muss."

Am nächsten Morgen frühstückten sie auf der winzigen Terrasse eines Restaurants mit Blick auf den Bryant Park, wo sie in den ersten Tagen ihrer Flitterwochen immer gefrühstückt hatten. Aus sentimentalen Gründen haben sie es nun noch einmal aufgegriffen. Aber Dolly wollte unbedingt sofort in die Wohnung zurückkehren und packen, und Carter schien verstört zu sein. Er erklärte, dass er eine schlechte Nacht gehabt habe.

„Es tut mir so leid", sagte Dolly mitfühlend, „aber heute Nacht wirst du gut schlafen, wenn du den Sund hinaufgehst. Noch mehr Albträume?" Sie fragte.

„Alpträume!" explodierte Carter heftig. „Alpträume waren das auf jeden Fall! Ich habe geträumt, dass zwei der Albträume gewonnen haben! Ich habe sie die ganze Nacht gesehen, genauso wie ich Dromedar, Ihre Hoheit und den Glühwürmchen sah, wie sie gewannen, gewannen, gewannen!"

„Das waren die Pferde, von denen du letzte Nacht gesprochen hast", sagte Dolly streng. „Nach einem so wundervollen Tag hast du natürlich von einem Rennen geträumt, und diese beiden Pferde waren in deinem Kopf. Das ist die Erklärung."

Sie kehrten in die Wohnung zurück und begannen fleißig zu packen. Gegen zwölf Uhr kam Carter plötzlich in das Schlafzimmer, in dem Dolly allein war, und fand sie beim Lesen des MORGENTELEGRAPHEN. Es wurde auf der Rennseite „Vergangene Leistungen" geöffnet.

Sie ließ das Papier schuldbewusst fallen. Carter schob eine Hutschachtel beiseite und setzte sich auf einen Koffer.

„Ich verstehe nicht", begann er, „warum wir nicht noch einen Tag warten können." Wir wären auf der Rennstrecke von Sheepshead Bay genauso nah am Meer wie auf einem Fall River-Boot und – –" Er hielt inne und runzelte unglücklich die Stirn. „Wir müssen nicht mehr als zehn Dollar wetten", bettelte er.

„Natürlich", erklärte Dolly, „wenn sie gewinnen SOLLTEN, geben Sie mir immer die Schuld!" Carters Augen leuchteten hoffnungsvoll.

„Und", fuhr Dolly fort, „ich kann es nicht ertragen, dass du mir die Schuld gibst. Also--"

„Nimm deinen Hut!" schrie Carter, „sonst verpassen wir das erste Rennen."

Carter bestellte telefonisch ein Taxi, und als sie einstiegen, sagte er schuldbewusst: „Ich muss bei der Bank anhalten."

"Du hast nicht!" verkündete Dolly. „Dieses Geld dient dazu, uns am Leben zu erhalten, während Sie den großen amerikanischen Roman schreiben. Ich bin froh, einen weiteren Tag bei den Rennen zu verbringen, und ich bin bereit, Ihre Träume bis zu zehn Dollar zu unterstützen, aber nicht mehr."

„Wenn meine Träume wahr werden", warnte Carter, „wird es dir furchtbar leid tun."

„Ich nicht", sagte Dolly. „Ich schicke dich einfach ins Bett und du kannst weiter träumen."

Als Ihre Hoheit als Siegerin nach Hause tobte, war Dollys Blick auf ihren Mann voller Angst und Bestürzung.

„Das gefällt mir nicht!" sie schnappte nach Luft. „Es ist – es ist unheimlich. Es gibt mir ein gruseliges Gefühl. Es lässt dich irgendwie übernatürlich erscheinen. Und oh", rief sie, „hätte ich dich nur alles wetten lassen, was du hattest!"

„Das habe ich", stammelte Carter äußerst aufgeregt. „Ich wette vierhundert. Ich habe fünf zu eins, Dolly", keuchte er ehrfürchtig; „Wir haben zweitausend Dollar gewonnen."

Dolly rief begeistert aus: „Wir legen alles auf die Bank", rief sie.

„Wir legen alles auf Glowworm!" sagte ihr Mann.

„Champ!" bettelte Dolly. „Überfordern Sie Ihr Glück nicht. Hören Sie auf, während …" Carter schüttelte den Kopf.

„Es ist KEIN Glück!" er knurrte. „Es ist ein Geschenk, es ist das zweite Gesicht, es ist eine Prophezeiung. Ich war mein ganzes Leben lang ein vollwertiger Hellseher und wusste es nicht. Wie auch immer, ich bin ein Sportler, und nachdem zwei meiner Träume in die Brüche gegangen sind, muss ich den dritten unterstützen!"

Glowworm hatte eine Quote von zehn zu eins, und bei dieser Quote hatten die Buchmacher, bei denen er sich zuerst beworben hatte, keine Lust, einen so hohen Betrag anzunehmen, wie er anbot. Carter fand einen Buchmacher namens „Sol" Burbank, der bei diesen Chancen seine zweitausend akzeptierte.

Als Carter zurückkam, um seine 22.000 abzuholen, kam es zu einer kleinen Verzögerung, während Burbank sich einen Teil davon borgte. Er sah Carter neugierig und nicht allzu freundlich an.

„Warst du es nicht", fragte er, „der gestern auf Dromedar mit 30:1 geschossen wurde?" Carter nickte etwas schuldbewusst. Ein Mann aus der Menge meldete sich freiwillig: „Und er hatte Ihre Hoheit auch im zweiten für vierhundert."

„Sie haben einen guten Tag gemacht", sagte Burbank. „Geben Sie mir morgen die Chance, mein Geld zurückzubekommen.

„Es tut mir leid", sagte Carter. „Ich verlasse New York morgen."

Dasselbe scharlachrote Auto brachte sie triumphierend zum Ufer zurück.

„Zweiundzwanzigtausend Dollar?" keuchte Carter, „in BAR! Wie im Namen aller Ehrlichkeit können wir den Gewinn von 22.000 Dollar feiern? Wir können nicht mehr als ein Abendessen essen; wir können nicht mehr als zwei Liter Champagner trinken – nicht ohne schwerwiegende Folgen."

„Ich sage Ihnen, was wir tun können!" rief Dolly aufgeregt. „Wir können morgen mit der CAMPANIA segeln!"

"Hurra!" schrie Carter. „Wir werden eine zweite Flitterwochen haben. Wir schießen auf London und Paris. Wir werden Stücke aus der Karte Europas herausreißen. Du fährst in einem Auto, ich fahre in einem anderen, wir haben ein Dienstmädchen und einen Kammerdiener in einem dritten und wir werden bis nach Monte Carlo gegeneinander antreten. Und dort werde ich von den Gewinnzahlen träumen und wir werden die Bank sprengen. Wann segelt die CAMPANIA?"

„Mittags", sagte Dolly.

„Um acht werden wir an Bord sein", sagte Carter.

Aber in dieser Nacht sah er in seinen Träumen, wie King Pepper, Confederate und Red Wing jeweils ein Rennen gewannen. Und am Morgen konnten ihn weder die Motoren der CAMPANIA noch die Bitten von Dolly von der Rennstrecke abhalten.

„Ich will nur sechstausend", protestierte er. „Mit dem Rest kannst du machen, was du willst, aber ich wette sechstausend auf den ersten dieser drei, der anfängt. Wenn er verliert, gebe ich Ihnen mein Wort, ich wette keinen Cent mehr und wir segeln am Samstag. Wenn er gewinnt, setze ich alles, was ich verdiene, auf die beiden anderen."

„Kannst du nicht erkennen", bettelte Dolly, „dass deine Träume nur eine Wiederholung dessen sind, was du tagsüber denkst? Sie haben wunderbares Glück gehabt, das ist alles. Jedes dieser Pferde wird wahrscheinlich sein Rennen gewinnen. Wenn er es tut, wirst du mehr Vertrauen denn je in deine albernen Träume haben –"

„Meine albernen Träume", sagte Carter grinsend, „tragen dich mit dem nächsten Dampfer in der ersten Klasse nach Europa."

Sie hatten sich auf dem Weg zur Bank unterhalten. Als Dolly sah, dass sie sein Vorhaben nicht ändern konnte, ließ sie ihn die neunzehntausend, die übrig blieben, nachdem er die sechstausend herausgenommen hatte, auf ihren Namen übertragen. Anschließend zog sie den gesamten Betrag ab.

„Du hast mir gesagt ", sagte Dolly und lächelte besorgt, „ich könnte damit machen, was ich wollte." Vielleicht habe ich auch Träume. Vielleicht möchte ich sie unterstützen."

Sie fuhr davon und weigerte sich auf mysteriöse Weise, ihm zu sagen, was sie vorhatte. Als sie sich beim Mittagessen trafen, war sie immer noch sehr aufgeregt und voller Geheimnisse.

„Haben Sie Ihren Traum unterstützt?" fragte Carter.

Dolly nickte glücklich.

„Und wann soll ich es erfahren?"

„Sie werden davon lesen", sagte Dolly, „morgen in den Morgenzeitungen." Es ist alles völlig richtig. Meine Anwälte haben es arrangiert."

„Anwälte!" keuchte ihr Mann. „Sie planen doch nicht, mich in ein privates Irrenhaus einzusperren, oder?"

„Nein", lachte Dolly; „Aber als ich ihnen erzählte, wie ich das Geld anlegen wollte, hätten sie mich beinahe dorthin gebracht."

„Wollten sie nicht wissen, wie du plötzlich so reich geworden bist?" fragte Carter.

"Sie taten. Ich habe ihnen gesagt, dass es aus den „Büchern" meines Mannes stammt! Es war eine sehr ‚nahezu' Lüge."

„Es war schlimmer", sagte Carter. „Es war ein sehr schlechtes Wortspiel."

Wie in ihren Flitterwochen fuhren sie stolz zur Rennstrecke, und als Carter Dolly in eine Kiste gelegt hatte, die groß genug für zwanzig war, drängte er sich in die Menge rund um den Stand von „Sol" Burbank. Dieser Veteran des Rasens hieß ihn freudig willkommen.

„Kommst du, um mir mein Geld zurückzugeben?" er hat angerufen.

„Nein, um etwas mitzunehmen", sagte Carter und reichte ihm seine sechstausend.

Ohne es offenbar anzusehen, reichte Burbank es seiner Kassiererin. „King Pepper, zwölf- bis sechstausend", rief er.

Als König Pepper gewann und Carter mit achtzehntausend Dollar in Tausendfünfhundert-Dollar -Scheinen in der Faust durch den Ring ging, wurde er von einer Menge neugieriger, eifriger „Pikers" bedrängt. Beide behinderten seine Operationen und fungierten als Leibwächter. Confederate war mit eins zu drei ein fast unerschwinglicher Favorit, und Carter hatte keine Schwierigkeiten, achtzehntausend zu platzieren, um sechs zu gewinnen. Als die Konföderierten gewannen und er mit seinen 24.000 anfing, um Red Wing zu unterstützen, wurde er nun von der Menge umringt. Männer und Jungen, die beim Wetten von fünf und zehn Dollar alles riskierten, erlebten beim Anblick eines jungen Mannes, der Wetten in Höhe von Hunderten und Tausenden anbot, ein aufregendes und faszinierendes Schauspiel.

Um zu erfahren, welches Pferd er spielte und zu welchen Quoten, sprangen Wettkämpfer und Läufer für andere Buchmacher und einzelne Spekulanten in die Menge, die ihn umgab, und rannten dann, sich herauswindend, schreiend die Linie entlang. Innerhalb von zehn Minuten wurden die Chancen gegen Red Wing durch die Wetten von Carter und denen, die sein Glück unterstützten, von fünfzehn auf eins auf ausgeglichene Quoten gesenkt. Sein Vorgehen wurde von den Buchmachern entweder mit Spott oder mit Begrüßungsrufen begrüßt. Die Verlierer forderten eine Chance, ihr Geld zurückzugewinnen. Diejenigen, mit denen er nicht gewettet hatte, fanden darin Trost und ärgerten die Verlierer. Einige lehnten sogar den kleinsten Teil seines Geldes barsch ab.

"Nicht mit mir!" Sie lachten. Von Stand zu Stand verspotteten die unterschiedlichen Chancen ihn oder sich gegenseitig. „Fass es nicht an, es ist verdorben!" Sie riefen. „Pass auf, Joe, er ist der Jonah-Mann?" Oder: „Komm wieder zu mir!" Sie riefen. „Und noch einmal!" Sie forderten ihn heraus und griffen nach einem Tausend-Dollar-Schein.

Und als mit der Zeit jeder den Kopf schüttelte und grummelte: „Das ist alles, was ich will" oder wegsah, spottete die Menge um Carter.

sie bis zum Stillstand bekämpft !" sie schrien jubelnd. In ihren Augen war ein Mann ein Held, der allein in der Lage und willens war, den Namen eines Pferdes von der Tafel zu tilgen.

Zu Dollys Entsetzen versammelte sich die Menge vor ihrer Box, statt den Pferden beim Vorbeimarsch zuzuschauen, zeigte auf sie und starrte sie an. Vom Clubhaus aus drangen ihre Freunde und Bekannten ein.

„Ist Carter verrückt geworden?" sie forderten. „Er verteilt Tausend-Dollar-Scheine wie Zigaretten. Er hat den Ring in eine Weizengrube verwandelt!"

Als er die Loge erreichte, versperrte ihm ein sonnenverbrannter Mann im Sombrero den Weg.

„Ich bin der Besitzer von Red Wing", erklärte er, „ich habe ihn selbst gezüchtet und trainiert." Ich weiß, dass er Glück haben wird, wenn er den Platz bekommt. Sie unterstützen ihn zu Tausenden, um zu GEWINNEN. Was weißt du über ihn?"

„Ich weiß, dass er gewinnen wird", sagte Carter.

Der erfahrene Kommissar der Clubtribüne machte ihm ein Knopfloch. "Herr. Carter", bettelte er, „warum wetten Sie nicht über mich? Ich gebe Ihnen in diesem Ring die bestmöglichen Chancen. Du willst nicht, dass dir die Kleidung vom Leib gerissen und dein Geld weggenommen wird."

„Sie haben noch nicht so viel davon genommen", sagte Carter.

Als Red Wing gewann, jubelten die Menge unter der Box, die Männer in der Box und die Leute, die um sie herum standen, von denen die meisten Carters Sprung verfolgt hatten, und fielen über ihn, schüttelten ihm die Hand und schlugen ihm auf den Rücken. Von allen Seiten richteten aufgeregte Fotografen Kameras, und Landers Band spielte: „Jedes kleine bisschen mehr zu dem, was man hat, macht nur ein bisschen mehr." Als er den Strafraum verließ, um sein Geld abzuholen, umringten ihn ein großer Mann mit braunem Schnurrbart und zwei glattrasierte Riesen, während Tacklings den Mann, der den Ball hatte, in die Quere kamen. Der große Mann nahm ihn am Arm. Carter befreite sich.

„Was ist die Idee?" er forderte an.

„Ich bin Pinkerton", sagte der große Mann freundlich. „Du brauchst einen Leibwächter. Wenn in Ihrem Auto ein Platz frei ist, fahre ich mit Ihnen nach Hause. Von Cavanaugh liehen sie sich die Handtasche eines Buchmachers und stopften sie mit Tausend-Dollar-Scheinen voll. Als sie ins Auto stiegen, waren sie immer noch von der Menge umgeben.

„Er nimmt es in einem Koffer mit nach Hause!" sie schrien.

An diesem Abend stellten die „Sport-Extras" der Nachmittagszeitungen das Glück bei den Rennen von Champneys Carter in den Vordergrund. Von Cavanaugh und den Buchmachern hatten die Rennreporter Berichte über seine Gewinne gesammelt. Sie gaben an, dass er an drei aufeinanderfolgenden Tagen, beginnend mit einhundert Dollar, am Ende des dritten Tages keine einzige Wette verloren hatte und an diesem Nachmittag allein beim letzten Rennen sechzig- bis siebzigtausend Dollar gewonnen hatte. Zusammen mit dem Text „liefen" sie Bilder von Carter auf der Rennbahn, von Dolly in ihrer Box und von Mrs. Ingram in Tiara und Ballkleid.

„Schwiegermutter wird sich freuen", rief Carter. Da er beunruhigt war, was die Zeitungen morgen sagen würden, ordnete er an, dass ihm am Morgen jeweils eine Kopie auf sein Zimmer geschickt werde. In dieser Nacht sah er in seinen Träumen Wolken von staubbedeckten Jacken und Pferden mit schwitzenden Flanken, und einer von ihnen namens Ambitious führte alle anderen an. Als er aufwachte, sagte er zu Dolly: „Dieses Pferd Ambitious wird heute gewinnen."

„Er kann damit machen, was er will!" antwortete Dolly. „Ich habe etwas viel Wichtigeres im Kopf als Pferderennen. Heute erfahren Sie, wofür ich Ihr Geld ausgegeben habe. Es soll in den Morgenzeitungen erscheinen."

Als er zum Frühstück kam, war Dolly auf den Knien. Zu seiner Inspektion hatte sie die Zeitungen auf dem Boden ausgebreitet und bei einer darin erschienenen Anzeige aufgeschlagen. In der Mitte einer halben Seite weißen Papiers befanden sich die Zeilen:

AN EINEM TAG AUSVERKAUFT!

VOLLSTÄNDIGE ERSTE AUSGABE

DIE TOTE HITZE

VON

CHAMPNEYS-CARTER

ZWEITE AUFLAGE HUNDERTTAUSEND

„Im Namen des Himmels!" brüllte Carter. "Was bedeutet das?"

„Das bedeutet", rief Dolly zitternd, „ich unterstütze meinen Traum." Ich habe immer an Ihr Buch geglaubt. Jetzt unterstütze ich es. Unsere Anwälte schickten mich zu einem Werbeagenten. Sein Name ist Spink und er ist unglaublich schlau. Ich fragte ihn, ob er Werbung für ein Buch machen könne, damit es sich verkauft. Er sagte, mit meinem Geld und seinen Ideen könnte er das Telefonbuch vom letzten Jahr an Leute verkaufen, die kein Telefon besaßen und nie lesen gelernt hatten. Er ist stolz auf seine Ideen. Einer davon war der Auskauf der Erstausgabe. Ihr Verleger sagte ihm, Ihr Buch sei „Altpapier" und er könne für die Plattenkosten jedes Exemplar auf Lager haben. Also kaufte er die gesamte Ausgabe. So war es innerhalb eines Tages ausverkauft. Dann haben wir eine zweite Auflage von 100.000 Exemplaren bestellt, und sie drucken sie jetzt.

„Die Druckmaschinen haben die ganze Nacht gearbeitet, um die Nachfrage zu decken!"

„Aber", rief Carter, „es gibt keine Nachfrage!"

„Das wird es geben", sagte Dolly, „wenn fünf Millionen Menschen unsere Anzeigen lesen."

Sie zerrte ihn zum Fenster und zeigte triumphierend auf die Straße.

"Siehst du das!" Sie sagte. "Herr. Spink hat sie hierher geschickt, damit ich sie inspizieren kann."

In einer Schlange, die sich von der Fifth Avenue bis zum Broadway erstreckte, stand eine Armee von Sandwich-Männern. Auf den Tafeln, die sie trugen, standen die Worte: „Lesen Sie ‚The Dead Heat'." Zweite Ausgabe. Einhunderttausend!" Auf dem Zaun vor dem Gebäude auf der anderen Straßenseite las Carter in dreißig Zentimeter hohen Buchstaben erneut den Titel seines Romans. In bescheideneren Buchstaben, aber in trotzigeren Farben, funkelte es ihn aus Aschetonnen und Fässern an.

"Wieviel kostet das?" Er hat tief eingeatmet.

„Es hat jeden Dollar gekostet, den Sie auf der Bank hatten", sagte Dolly, „und bevor wir durch sind, wird es Sie doppelt so viel kosten." Mr. Spink wartet nur darauf, von mir zu hören, bevor er anfängt, fünfzigtausend Dollar auszugeben; Das ist nur die Hälfte von dem, was Sie bei Red Wing gewonnen haben. Ich warte nur darauf, dass du mir einen Scheck ausstellst, bevor ich Spink sage, er solle anfangen, ihn auszugeben."

Benommen zog Carter einen Scheck über fünfzigtausend Dollar hervor und reichte ihn bescheiden seiner Frau. Sie trugen es selbst in das Büro von Herrn Spink. Auf ihrem Weg sahen sie überall Beweise für sein Werk. An Wänden, auf Gerüsten und auf Werbetafeln hingen Werbungen für „The Dead Heat". Über dem Madison Square malte ein riesiger Drachen, so groß wie ein Zeppelin-Luftschiff, den Namen des Buches in den Himmel, auf „Dodgers" schwebte er in der Luft, auf Flugblättern starrte er aus der Dachrinne empor.

Herr Spink war ein nervöser junger Mann mit Glatze und Brille. Er nahm den Scheck entgegen, als würde ein General fünfzigtausend neue Truppen willkommen heißen.

"Verstärkung!" er weinte. "Jetzt beobachte mich. Jetzt kann ich Dinge tun, die groß, national und napoleonisch sind. Wir können diese Bücher nicht innerhalb einer Woche binden, aber in der Zwischenzeit werden die Bestellungen strömen und die Leute werden verrückt danach. Jeder Mann, jede Frau und jedes Kind im Großraum New York möchte ein Exemplar haben. Ich habe fünfzig als Jockeys verkleidete Jungen zu Pferd losgeschickt, um Kopf an Kopf durch alle Alleen zu reiten. Auf der Schabracke ist „The Dead Heat" aufgedruckt. Die Hälfte von ihnen wurde bereits verhaftet. Es ist eine kleine Idee von mir."

„Aber", protestierte Carter, „es ist keine Renngeschichte, es ist eine Detektivgeschichte!"

„Das ist der Teufel!" keuchte Spink. „Aber was ist der Unterschied!" er rief aus. „Sie müssen es sowieso kaufen. Sie würden es kaufen, wenn es ein Kochbuch wäre. Und ich sage", rief er erfreut, „das ist eine großartige Pressearbeit, die Sie für das Buch bei den Rennen leisten!" Die Zeitungen sind heute Morgen voll von Ihnen, und jeder Mann, der von Ihrem Glück auf der Rennstrecke liest, wird Ihren Namen als Autor von „The Dead Heat" sehen und sich beeilen, das Buch zu kaufen. Er wird denken, dass „The Dead Heat" ein Wegweiser für das Spielfeld ist!"

Als Carter die Strecke erreichte, stellte er fest, dass seine Berühmtheit ihm bereits vorausgeeilt war. Ambitious lief erst beim vierten Rennen, und bis dahin, während er in seiner Box saß, drängte sich unten eine eifrige Menge. Eine solche Popularität hatte er noch nie erlebt. Die Menge hatte die Zeitungen gelesen und Schlagzeilen wie „Er kann nicht verlieren!" gelesen. „Der junge Carter gewinnt 70.000 Dollar!" „Boy Plunger gewinnt erneut!" „Carter macht große Tötungen!" „Der Ring hat hart getroffen!" „Der Mann, der nicht verlieren kann!" „Carter schlägt Buchmacher!" hatte ihre Neugier geweckt und viele mit absolutem Vertrauen in sein Glück erfüllt. Männer, die er seit Jahren nicht gesehen hatte, packten ihn bei der Hand und fragten nachlässig, ob er etwas Gutes erzählen könne. Alte und neue Freunde flehten ihn an, mit ihnen zu essen, sofort etwas mit ihnen zu trinken oder zumindest eine Zigarre zu „probieren". Männer, die protestierten, sie hätten alles verloren, bettelten um einen Hinweis, der ihnen helfen würde, sich zu rächen, und alle versicherten ihm ausnahmslos, dass er sein neuestes Buch kaufen würde.

„Ich habe gestern Abend versucht, es an einem Dutzend Zeitungskiosken zu bekommen", sagten viele von ihnen, „aber sie sagten mir, die gesamte Ausgabe sei aufgebraucht."

Die Menge hungriger Rennbesucher, die unter der Box warteten und jede Bewegung von Carter beobachteten, beunruhigte Dolly.

"Ich hasse es!" Sie weinte. „Sie sehen dich an wie viele ausgehungerte Hunde, die um einen Knochen betteln. Gehen wir nach Hause; Wir wollen kein Geld mehr verdienen und könnten verlieren, was wir haben. Und ich möchte, dass alles Werbung für das Buch macht."

„Wenn Sie nicht aufpassen", sagte Carter, „ wird jemand das Buch kaufen und es lesen, und dann müssen Sie und Spink in einem Zyklonkeller Zuflucht suchen."

Als er aufstand, um seine Wette auf Ambitious abzuschließen, schlossen sich seine Freunde von der Clubtribüne und ein halbes Dutzend von Pinkertons Männern um ihn herum und drängten sich in einem fliegenden Keil in den Ring. Die Zeitungen hatten ihre Arbeit getan und er war sofort von einer hungrigen, heulenden Menge umzingelt. Im Vergleich zum Vortag glich es einem Football-Scrimmage zu einem Run auf eine Bank. Als er seine erste Wette machte und die Menge den Namen des Pferdes erfuhr, zerbrach es mit einem Schrei in Hunderte fliegender Raketen, die sich auf die Buchmacher schleuderten. Unter ihrem Angriff kam Ambitious, wie schon am Tag zuvor, auf ausgeglichene Chancen zurück. Es gab kaum einen Menschen an der Strecke, der nicht auf das Glück des Mannes hoffte, der „nicht verlieren konnte". Und als Ambitious souverän gewann, jubelte nicht das Pferd oder der Jockey, sondern der junge Mann in der Box.

In New York hatten die Statisten bereits verkündet, dass er erneut Glück gehabt hatte, und als Dolly und Carter die Bank erreichten , fanden sie das gesamte Personal vor, um ihn und seinen Gewinn in Empfang zu nehmen. Sie beliefen sich auf eine so großartige Summe, dass Carter zu dem Schluss kam, dass die Zinsen für den Rest ihres Lebens Dolly und ihm ein Einkommen verschaffen würden, von dem sie bescheiden und gut leben könnten.

Ein vornehm aussehender, weißhaariger Beamter der Bank gratulierte Carter herzlich. „Sollten Sie einen Teil davon investieren wollen", sagte er, „berate ich Sie gerne. Mein Wissen in dieser Richtung ist möglicherweise umfassender als Ihr eigenes."

Carter murmelte seinen Dank. Der weißhaarige Herr senkte seine Stimme. „Zu bestimmten anderen Themen", fuhr er fort, „wissen Sie viele Dinge, von denen ich überhaupt keine Ahnung habe. Könnten Sie mir sagen " , fragte er nachlässig, „wer morgen den Suburban gewinnen wird?"

Carter runzelte geheimnisvoll die Stirn. „Ich kann es dir morgen früh besser sagen", sagte er. „Es sieht aus wie Beldame, mit Proper und First Mason in Reichweite."

Der weißhaarige Mann zeigte seine Überraschung und auch, dass seine Unwissenheit nicht so tiefgreifend war, wie er vermutete.

„Ich dachte, der Keene-Eintrag –" wagte er.

„Ich weiß", sagte Carter zweifelnd. „Wenn es eine Meile wäre, würde ich Delhi sagen, aber ich glaube nicht, dass er diese Distanz durchhält. Morgen früh schicke ich dir ein Telegramm.

Als sie sich wieder in ihrem Auto niederließen, nahm Carter beide Hände von Dolly in seine. „Was das Geld angeht", sagte er, „sind wir unabhängig von Ihrer Mutter – unabhängig von meinen Büchern; und ich möchte dir ein Versprechen geben. Ich möchte Ihnen versprechen, dass ich, egal wovon ich in Zukunft träume, nie wieder auf ein anderes Pferd setzen werde." Dolly keuchte zufrieden auf.

„Und außerdem", fügte Carter hastig hinzu, „können Sie keinen weiteren Dollar riskieren, um meine Bücher zu finanzieren." Danach müssen sie auf ihren Beinen stehen oder fallen!"

"Vereinbart!" rief Dolly. „Unsere Tage des Tiefs sind vorbei."

Als sie die Wohnung erreichten , wartete auf Carter der Juniorpartner eines echten Verlagshauses. Er hatte einen Blankovertrag und wollte sich das Recht sichern, Carters nächstes Buch zu veröffentlichen.

„Ich habe ein paar Kurzgeschichten –", schlug Carter vor.

Sammlungen von Kurzgeschichten, protestierte der Besucher wahrheitsgemäß, „nicht verkaufen." Wir würden einen anderen Roman in der gleichen Richtung wie „The Dead Heat" bevorzugen."

„Haben Sie ‚The Dead Heat' gelesen?" fragte Carter.

„Das habe ich nicht", gab der Verleger zu, „aber das nächste Buch desselben Autors wird es mit Sicherheit …." Wir zahlen fünfzehntausend Dollar im Voraus für die Lizenzgebühren."

„Könnten Sie das schriftlich festhalten?" fragte Carter. Als der Verleger ging, sagte er:

„Ich sehe, dass Ihr Erfolg in der Literatur Ihrem Erfolg bei den Rennen gleichkommt. Können Sie mir sagen, was den Suburban gewinnen wird?"

„Ich werde Ihnen morgen MORGEN ein Telegramm schicken", sagte Carter.

Sie hatten sich mit ein paar Freunden zum Abendessen verabredet und später eine Musical-Komödie besucht. Carter hatte sich umgezogen und saß, während er darauf wartete, dass Dolly sich anzog, in einem riesigen Sessel zurück. Die Hitze des Tages, die Aufregung und die Erschöpfung seiner Nerven führten dazu, dass sein Kopf nach hinten sank, seine Augen sich schlossen und seine Glieder sich entspannten.

Als Dolly ihn durch ihr Eintreten weckte, sprang er verwirrt auf.

„Du hast geschlafen", spottete sie.

"Schlechter!" sagte Carter. „Ich habe geträumt! Soll ich Ihnen sagen, wer den Suburban gewinnen wird?"

„Champneys!" rief Dolly alarmiert.

„Meine liebe Dolly", protestierte ihr Mann, „ich habe versprochen, mit dem Wetten aufzuhören. Ich habe nicht versprochen, mit dem Schlafen aufzuhören."

„Na ja", seufzte Dolly erleichtert, „solange es dabei bleibt. Delhi wird gewinnen", fügte sie hinzu. „Delhi wird es nicht tun", sagte Carter. „So werden sie enden –" Er kritzelte drei Namen auf ein Blatt Papier, das Dolly las.

„Aber das", sagte sie, „haben Sie dem Herrn in der Bank gesagt."

Carter starrte sie ausdruckslos und etwas verlegen an.

„Siehst du!" rief Dolly, „was du denkst, wenn du wach bist, das träumst du, wenn du schläfst." Und Sie hatten eine Glückssträhne, die es noch nie gegeben hat und die auch nie wieder passieren wird."

Carter nahm ihre Erklärung mit Widerwillen auf. „Das frage ich mich", sagte er.

Als sie im Theater ankamen , stellten sie fest, dass ihr Gastgeber eine Bühnenloge reserviert hatte, und da ihre Gruppe nur aus vier Personen bestand und die Lichter des Hauses bereits an waren, als sie eintraten, zog ihre Ankunft die Aufmerksamkeit beider Anwesenden auf sich des Publikums und derjenigen auf der Bühne. Das Theater war bis zum Rand überfüllt, und überall waren Menschen, die regelmäßig Rennen besuchten, sowie viele Rennfahrer, die wegen des Suburban in die Stadt gekommen waren. Auf diesen und auf vielen anderen, die drei Tage lang unzählige Bilder von ihm gesehen hatten, wurde Carter sofort erkannt. Für das Publikum und die Künstler war der Mann, der immer gewann, von weitaus größerem Interesse als das, was sich am dreihundertsten Abend auf der Bühne abspielte. Und als die Hauptdarstellerin, Blanche Winter, den Komiker fragte, wer er lieber sein würde: „Der Mann, der in Monte Carlo die Bank brach, oder der Mann, der nicht verlieren kann?" Sie erntete beim Publikum ein leichtes Lachen und beim Refrain ein aufgeregtes Kichern.

Als Carter am Ende des Auftritts in die Lobby ging, um zu rauchen, wurde er so schnell umzingelt, dass er am Broadway Zuflucht suchte. Von dort aus wurde er, während ihm die Menge immer noch folgte, zurück in seine Loge getrieben. In der Zwischenzeit war dem Pressevertreter des Theaters das an ihm gezeigte Interesse nicht entgangen, und er rief sofort die Zeitungsredaktion an, dass Plunger Carter, der Buchmacherbrecher, in diesem Theater sei und ob die Zeitungen einen wollten Er, der Presseagent, hatte die Gelegenheit, ihn über den wahrscheinlichen Ausgang des am nächsten Tag stattfindenden klassischen Handicaps zu befragen, und er, der Pressevertreter, würde ihnen selbstlos zur Seite stehen. Als Antwort auf diese Eilrufe versammelten sich Reporter des Ten o'Clock Clubs im Foyer. Inwieweit das, was später folgte, ihrer Anwesenheit und den Bemühungen des Pressevertreters zu verdanken war, kann nur dieser Herr sagen. Im zweiten Akt sang Miss Blanche Winter ihr aktuelles Lied. Darin riet sie dem Publikum, wenn es darum ging, eine Frage von persönlichem oder nationalem Interesse zu klären, „Legen Sie es dem Mann im Mond vor." An diesem Abend stellte sie einen Vers vor, in dem sie von ihrem Wunsch erzählte, zu wissen, welches Pferd auf dem Mond steht Morgen würde der Suburban gewinnen, und im Refrain drückte sie ihre Entschlossenheit aus, „dem Mann im Mond die Stirn zu bieten."

Sofort rief eine Stimme aus dem hinteren Teil des Hauses: „Warum stellst du es nicht dem Mann in der Kiste vor?" Miss Winter lachte – das Publikum lachte; Alle Augen waren auf Carter gerichtet. Als gefiel ihnen die Idee, applaudierten die Menschen aus verschiedenen Teilen des Hauses herzlich. Verlegen schob Carter seinen Stuhl zurück und zog den Vorhang der Loge zwischen sich und dem Publikum zu. Aber es war nicht so leicht, ihm zu entkommen. Während Miss Winter das Orchester unbeachtet mit dem Vorspiel zur nächsten Strophe fortsetzte, ging sie langsam und bedächtig auf ihn zu und lächelte schelmisch. In einer burlesken Bitte streckte sie ihre Arme aus. Sie machte ein äußerst ansprechendes und bezauberndes Bild, und das war ihr durchaus bewusst. Mit einer Stimme, die laut genug war, um jeden Teil des Hauses zu erreichen, wandte sie sich an Carter:

„Willst du es MIR nicht sagen?" sie bettelte.

Carter errötete unglücklich und zuckte entschuldigend mit den Schultern.

Mit einer Handbewegung bezeichnete Miss Winter das Publikum. „Dann", drängte sie vorwurfsvoll, „wollen Sie es IHNEN nicht sagen?"

Stimmen ihre Bitte mit einer Schnelligkeit und Einstimmigkeit, die verdächtig klang, als käme sie von gut einstudierten Platzanweisern: „Gebt

uns allen eine Chance!" schrie einer. „Behalte die guten Dinge nicht für dich!"
machte einem anderen Vorwürfe. „AUCH ich möchte reich werden!"
jammerte ein Dritter. In seinem Herzen betete Carter, dass sie ersticken
würden. Aber das Publikum empfand die Unterbrechungen nicht, sondern
ermutigte sie, und Carters offensichtliches Unbehagen trug zu seiner
Belustigung bei. Sie überfielen ihn dann mit Applaus, mit Appellen und mit
der Aufforderung, „sich laut zu äußern".

Das Händeklatschen wurde allgemein – eindringlich. Das Publikum ließ
sich nicht abweisen. Carter wandte sich an Dolly. In den Nischen der Loge
genoss sie seine missliche Lage. Auch seine Freunde lachten über ihn. Carter
war empört über ihre Desertion und grinste rachsüchtig. „In Ordnung",
murmelte er über seine Schulter. „Da du es lustig findest, zeige ich es dir!"
Er zog seinen Bleistift von der Uhrkette, breitete sein Programm auf dem
Rand des Kastens aus und begann zu schreiben.

Aus dem Publikum erklang ein Murmeln der Ungläubigkeit, der
Überraschung, des aufgeregten Interesses. Im hinteren Teil des Hauses
krümmte sich der Pressevertreter nach einem erschrockenen Blick vor
Freude. „Wir haben ihn gelandet!" Er hat tief eingeatmet. „Wir haben ihn
gelandet. Er wird darauf hereinfallen!"

Dolly packte ihren Mann verzweifelt am Rockschöße.

„Champ!" Sie flehte: „Was machst du?"

Ganz ruhig, ganz selbstbewusst erhob sich Carter. Mit einem Nicken und
einem Lächeln beugte er sich vor und präsentierte der schönen Miss Winter
das Programm . Diese Dame hätte es fast geschnappt. Das Scheinwerferlicht
war voll in ihren Augen. Sie drehte sich um, damit sie leichter lesen konnte,
und blieb einen Moment stehen, ihre hübsche Figur zitterte vor Eifer, ihre
hübschen Augen waren auf das Programm gerichtet . Plötzlich war es im
Haus still geworden, und mit einer aufgeregten Geste befahl der
Orchesterleiter, die Musik zum Schweigen zu bringen. Ein vor Ungeduld
platzender Mann durchbrach die angespannte Stille. "Lies es!" er schrie.

Mit verängstigter Stimme, die in der plötzlichen Stille nichts von ihrer
gewohnten Zuversicht an den Tag legte, las Miss Winter langsam vor: „Der
Favorit kann die Distanz nicht durchhalten. Wird über eine Meile führen und
Beldame den Vortritt lassen. Das Richtige nimmt den Platz ein. First Mason
wird es zeigen. Beldame wird mit deutlichem Vorsprung gewinnen."

Bevor sie aufgehört hatte zu lesen, waren ein Dutzend Männer
aufgestanden und hundert Stimmen brüllten ihr entgegen. „Lesen Sie das
noch einmal!" der Chor. Noch einmal las Miss Winter die Nachricht, doch
bevor sie fertig war, sprang die Hälfte der Menschen in den ersten Reihen
von ihren Sitzen und rannte die Gänge hinauf. Die Reporter waren bereits

vor ihnen, und in der Nachbarschaft war keine einzige Telefonzelle leer. Innerhalb von fünf Minuten wurden in den Hotels entlang des White Way, in denen sich Sportler zu treffen pflegten, Wettkommissare und Buchhalter plötzlich von atemlosen Herren angegriffen, einige in Abendkleidung, einige ohne Kragen und einige ohne Hüte, aber alle mit Geld, um gegen den Favoriten zu wetten. Und eine Stunde später wurden Männer, gebeugt unter Stapeln von Zeitungsbeiträgen, von den U-Bahn-Stationen ins Herz des Broadways erbrochen und schrien sechzehn Stunden vor dem Rennen mit heiserer Stimme: „Gewinner des Suburban". . An diesem Abend wurde allen großen Zeitungsredaktionen von Maine bis Kalifornien die Nachricht zugespielt, dass Plunger Carter in einem Broadway-Theater angekündigt hatte, dass der Favorit für den Suburban geschlagen werden würde, und dass er in der Reihenfolge die drei Pferde benannt hatte, die zuerst antreten würden beenden.

Auf und ab am Broadway, von Rathskellers bis zu Dachgärten, in Cafés und Hummerpalästen, an den Ecken der Kreuzungen, in Clubs und Nachtrestaurants war Carters Trinkgeld wie ein rotes Tuch für einen Stier.

War der Junge betrunken, fragten sie, oder hatte sein wundersames Glück ihm den Kopf verdreht? Warum sollte er sonst so öffentlich eine Prophezeiung äußern, die ihn am nächsten Tag sicherlich mit Spott überhäufen würde? Die Erklärungen waren vielfältig. Die Männer in den Clubs meinten, er sei von dem Wunsch nach Berühmtheit getrieben, die Männer auf der Straße, dass er schlauer sei , als sie vermuteten, und dass er den Schachzug nach eigenem Gutdünken unternommen habe, um die Chancen zu seinem eigenen Vorteil zu verändern. Andere runzelten geheimnisvoll die Stirn. Im abergläubischen Glauben an sein Glück verwiesen sie auf seine Erfolge. „Hat er jemals eine Wette verloren? Woher wissen WIR, was ER weiß?" sie forderten. „Vielleicht ist es behoben und er weiß es!"

Die „Weisen" heulten spöttisch. „Ein Suburban FEST!" sie erwiderten. „Sie können EINEN Jockey reparieren, Sie können ZWEI reparieren; Aber man kann nicht sechzehn Jockeys reparieren! Du kannst Belmont nicht reparieren , du kannst Keene nicht reparieren. Es spricht nichts dafür, Beldame auszuwählen, aber nur ein Verrückter würde das Pferd für den Platz und die Show auswählen und den Favoriten ausschließen! Der Junge sollte in Matteawan sein .

Immer noch ungestört, immer noch zuversichtlich gegenüber denen, denen er sie versprochen hatte, schickte Carter ein Telegramm. Auch seinen alten Feind „Sol" Burbank vergaß er nicht. „Wenn Sie etwas von dem Geld bekommen wollen, das ich genommen habe", telegrafierte er, „streichen Sie

den Belmont-Eintrag aus und nehmen Sie alles, was sie in Delhi anbieten."
Er kann nicht gewinnen."

Und als ihn an diesem Abend jede Zeitung in seiner Wohnung anrief, gab
er die gleiche Antwort. „Die drei Pferde werden wie gesagt ins Ziel kommen.
Sie können sagen, dass ich die Informationen als eine Art Geschenk an die
Menschen in New York City weitergegeben habe."

In den Zeitungen am nächsten Morgen stand „Carters Tipp" auf der
Titelseite. Sogar diejenigen, die sich noch nie mit Pferderennen beschäftigt
hatten, kamen nicht umhin, den Ausgang dieses Rennens mit merkwürdigem
Interesse zu betrachten. Die Kühnheit der Prophezeiung, ihre Absurdität, die
okkulte Macht voraussetzte, war an sich schon amüsant. Und als sich der
Vorhang über dem Suburban öffnete, wurde klar, dass das, was der Mann,
der nicht verlieren konnte, für Tausende eine ernste und inspirierte Äußerung
war.

Diesmal versammelten sich seine Freunde um ihn, nicht um von seinem
Rat zu profitieren, sondern um ihn zu beschützen. „Sie werden dich
überfallen!" sie warnten. „Sie werden dir die Kleider vom Rücken reißen.
Machen Sie jetzt besser Ihre Flucht."

Dolly saß mit Tränen in den Augen neben ihm. Hin und wieder berührte
sie seine Hand. Unter seiner Loge drängten sich die Menschen in einer
turbulenten Menge zusammen, wie in der Nähe einer Zeitungsredaktion in
der Nacht, in der ein Präsident gewählt wird. Einige spotteten und spotteten,
andere, die auf sein Trinkgeld hin jeden Dollar riskiert hatten, begrüßten ihn
hoffnungsvoll. Auf allen Seiten drängten ihn Polizisten aus Angst vor Ärger
in die Enge . Carter langweilte sich zutiefst und es tat ihm zutiefst leid, dass
er in der Nacht zuvor dem nachgegeben hatte, was er nun als perversen
Impuls ansah. Aber er war immer noch zuversichtlich, immer noch unbeirrt.

Für alle, außer denen von Dolly, war er von allen an der Strecke am
wenigsten besorgt. Er drehte sich zu ihr um und sprach mit leiser Stimme
schnell. „Es tut mir so leid", bettelte er. „Aber tatsächlich, tatsächlich kann
ich nicht verlieren. Du musst an mich glauben."

„In dir ja", erwiderte Dolly flüsternd, „aber in deinen Träumen nein!"

Die Pferde kamen auf dem Weg zum Posten vorbei. Carter näherte sich
ihrem Gesicht.

„Ich werde mein Versprechen brechen", sagte er, „und noch eine Wette
abschließen, diese mit dir." Ich wette, dass ich Recht habe."

Dolly hielt ihre Tränen zurück und lächelte traurig. „Mach es hundert",
sagte sie.

Die Hälfte der 40.000 Teilnehmer an der Rennstrecke hatte Delhi unterstützt, die andere Hälfte hatte, dank Carters Glück und seinem Selbstvertrauen bei der Verkündigung seiner Überzeugungen, Beldame unterstützt. Viele Hundert waren sogar so weit gegangen, zu wetten, dass die drei Pferde, die er genannt hatte, das Ziel erreichen würden, wie er es vorhergesagt hatte. Aber trotz Carters Tipp war Delhi immer noch der Favorit, und als die Tausenden sahen, wie die Keene-Polka-Dots nach vorne sprangen und dort um zwei Längen blieben, für das Viertel, die Hälfte und für die drei Viertel, Die Luft war von jubelndem, triumphierendem Geschrei erfüllt. Und dann plötzlich, mit der Schnelligkeit eines bewegten Bildes, genau im Moment seines Sieges, schlich sich Beldame an den Favoriten heran, zog neben ihm her, zog an ihm vorbei und ließ ihn geschlagen zurück. Es war an der Meile.

In der Nacht zuvor war ein Mann in einem Theater aufgestanden und hatte zu zweitausend Menschen gesagt: „Der Favorit wird die Meile führen und Beldame den Vortritt lassen." Hätten sie ihm glauben können, hätten die Männer, die sich jetzt selbst verfluchten, vielleicht für den Rest ihres Lebens von ihren Gewinnen gelebt. Diejenigen, die seiner Prophezeiung treu und abergläubisch gefolgt waren, schrien nun in fröhlicher, ausgelassener Selbstbeweihräucherung. „An der MEILE!" sie schrien. „Er hat es dir bei der MEILE GESAGT!" Sie drehten sich zu Carter um und schüttelten ihm Panamahüte. „Oh, du Carter!" sie schrien liebevoll.

jetzt verfolgte , es war die Erfüllung eines Versprechens. Und als Beldame dem Ansturm von Proper standhielt und Proper auf den zweiten Platz zurückfiel und First Mason drei Längen hinter ihm folgte und in dieser Reihenfolge unter dem Zaun durchblitzte, ertönte das Geschrei nicht, dass ein Rennen gewonnen worden sei, sondern dass es eine Prophezeiung gewesen sei erfüllt worden.

Von den Tausenden, die Carter jubelten, sich auf ihn stürzten und ihm tatsächlich die Kleider vom Rücken rissen, war nur einer seiner Freunde selbstlos genug, darüber nachzudenken, was das für Carter bedeuten könnte.

„Champ!" brüllte sein Freund und schlug ihm auf beide Schultern. „Du alter Zauberer! Ich gewinne zehntausend! Wie viel gewinnst du?"

Carter warf Dolly einen schnellen Blick zu. Er sagte: „Ich gewinne viel mehr."

Und Dolly blickte ihn an, nickte und lächelte zufrieden.